DE L'EXEMPTION D'IMPOT

DES

AGENTS DIPLOMATIQUES

A PROPOS DU REFUS DES AMBASSADEURS A PARIS

DE PAYER LA TAXE DES ORDURES MÉNAGÈRES

PAR

Joseph BARTHÉLEMY

AVOCAT A LA COUR D'APPEL DE PARIS

EXTRAIT DE LA *REVUE GÉNÉRALE DE DROIT INTERNATIONAL PUBLIC*

PARIS

A. PEDONE, ÉDITEUR

LIBRAIRE DE LA COUR D'APPEL ET DE L'ORDRE DES AVOCATS

13, Rue Soufflot, 13

1906

DE L'EXEMPTION D'IMPOT

DES

AGENTS DIPLOMATIQUES

A PROPOS DU REFUS DES AMBASSADEURS A PARIS

DE PAYER LA TAXE DES ORDURES MÉNAGÈRES

PAR

Joseph BARTHÉLEMY

AVOCAT A LA COUR D'APPEL DE PARIS

EXTRAIT DE LA *REVUE GÉNÉRALE DE DROIT INTERNATIONAL PUBLIC*

PARIS

A. PEDONE, ÉDITEUR

LIBRAIRE DE LA COUR D'APPEL ET DE L'ORDRE DES AVOCATS

13, Rue Soufflot, 13

1906

DE
L'EXEMPTION D'IMPOT DES AGENTS DIPLOMATIQUES

A PROPOS DU REFUS DES AMBASSADEURS A PARIS
DE PAYER LA TAXE DES ORDURES MÉNAGÈRES

I.— Les agents diplomatiques accrédités auprès du gouvernement français peuvent-ils être assujettis à la taxe d'enlèvement des ordures ménagères, établie par la loi du 31 décembre 1900 en remplacement des droits d'octroi sur les boissons hygiéniques et exigible en principe de tous les habitants des immeubles parisiens ? Telle est la question qui vient de se poser devant le Conseil municipal de Paris, dans les circonstances que nous allons exposer.

Lorsque la direction des contributions directes de la Seine dressa pour la première fois en 1901 le rôle de la nouvelle taxe, elle ne crut pas devoir y porter les agents diplomatiques. Cette omission lui fut inspirée par une raison d'analogie : il lui parut que les agents diplomatiques exemptés de l'impôt mobilier devaient l'être également de la taxe des ordures ménagères (1). L'administration crut à la vérité de cet aphorisme : qui est exempté du plus, est exempté du moins.

Au contraire, en 1902, les représentants des puissances étrangères furent inscrits au rôle à la suite d'un échange de vues entre le Président du Conseil, ministre de l'intérieur, et le préfet de la Seine, qui s'accordèrent à reconnaître que le principe d'exterritorialité ne saurait justifier à leur égard l'exemption des impôts communaux. Mais, dès la mise en recouvrement, la plupart des membres du corps diplomatique firent entendre d'énergiques protestations et allèrent même jusqu'à refuser non seulement de payer au percepteur le montant de leur taxe lorsqu'ils habitaient des hôtels appartenant aux puissances dont ils étaient les représentants, mais même, quand ils n'étaient que simples locataires

(1) V. Rapport de M. Chassaigne-Goyon au Conseil municipal de Paris, 6 mai 1905 p. 4.

de rembourser aux propriétaires l'avance que ceux-ci avaient été obligés de faire conformément à la loi de 1900.

En 1903, les ambassadeurs de Russie et d'Autriche-Hongrie opposèrent encore un refus pur et simple aux réquisitions du percepteur du 7e arrondissement (1re division), et l'ambassadeur d'Italie ne se borna pas à refuser le payement de la taxe pour l'année courante : il réclama de plus le remboursement de celle qu'il avait payée pour 1902. Cependant l'inscription des agents diplomatiques au rôle de la taxe fut maintenue pour 1903 et les années suivantes. Mais les difficultés rencontrées par les comptables chargés du recouvrement auprès des ambassadeurs amenèrent l'intervention du ministre des finances. Celui-ci signala au Président du Conseil que c'était à tort que les ambassadeurs avaient éte imposés : il estimait que des dispositions combinées des articles 2 et 5 de la loi du 31 décembre 1900, il résultait que la taxe des ordures ménagères, étant établie d'après le revenu net qui sert de base à la contribution foncière, ne devait pas frapper les immeubles des ambassades d'Autriche-Hongrie et de Russie qui sont exonérés de cette contribution. Le Président du Conseil, ministre de l'intérieur, ayant transmis ces observations au préfet de la Seine, celui-ci soumit la question au « Comité consultatif de la préfecture ». Dans sa séance du 14 novembre 1904, ce Comité, sur le rapport de M. Berthélemy, professeur à la Faculté de droit de Paris, émit l'avis qu'en droit les agents diplomatiques ne peuvent prétendre à aucune exonération de la taxe sur l'enlèvement des ordures ménagères, aussi longtemps qu'il n'aura pas été pris par le Conseil municipal une mesure de faveur et de pure courtoisie les exonérant de la taxe sur l'enlèvement des ordures ménagères, comme on les avait exonérés en 1879 des taxes d'octroi sur les boissons. Le Comité, qui cependant n'avait à se placer qu'au point de vue du droit, laissait ainsi deviner son opinion sur l'opportunité et la convenance d'une mesure de courtoisie relativement à la taxe. Le préfet de la Seine informa alors le ministre des affaires étrangères qu'il était disposé, dans un but de courtoisie internationale, à proposer au Conseil municipal d'exonérer les représentants des puissances chez lesquelles les agents diplomatiques français étaient dispensés d'acquitter les taxes municipales dans les villes où ils ont leur résidence. Et, par un Mémoire en date du 7 avril 1905, déférant au désir qui lui avait été manifesté par les ministres de l'intérieur et des finances, il proposa au Conseil municipal : 1° de renoncer à poursuivre contre les agents diplomatiques accrédités auprès du gouvernement français le recouvrement des taxes d'enlèvement des ordures ménagères non encaissées, de prononcer la remise gracieuse des sommes pour lesquelles ils ont été inscrits aux rôles de 1902, 1903, 1904 et

1905 et d'en admettre le montant en non-valeur; 2° de rembourser à l'ambassadeur d'Italie la somme de 359 fr. 98, montant de la taxe payée par lui en 1902 ; 3° de décider qu'à l'avenir les agents diplomatiques cesseront de figurer aux rôles de la taxe d'enlèvement des ordures ménagères. Le 6 mai 1905, M. Chassaigne-Goyon, rapporteur de la première Commission du Conseil municipal, tout en constatant que « rien ne s'opposerait en droit strict au maintien des représentants des puissances étrangères sur le rôle de la taxe d'enlèvement des ordures ménagères », concluait cependant qu'il serait « expédient de prendre à leur égard une mesure de faveur et de pure courtoisie ». Il faisait remarquer en terminant que cette mesure de faveur était en même temps une mesure de sagesse ; la résistance des ambassadeurs, qui était insurmontable grâce à leur immunité de juridiction, rendait très difficile, pour ne pas dire impossible, le recouvrement de la taxe. Dans ces conditions, le bon sens commandait d'aller jusqu'aux extrêmes limites de la courtoisie et de s'attribuer au moins le mérite de renoncer gracieusement à une créance que des débiteurs, contre lesquels on était dépourvu de moyens de contrainte, refusaient obstinément de payer. Le Conseil municipal se rendit à ces raisons et le 12 juillet 1905 adopta, conformément aux conclusions de son rapporteur, les propositions du préfet de la Seine. En conséquence, les agents diplomatiques habitant des hôtels appartenant à leur État furent dispensés de la taxe.

Que fallait-il décider en ce qui concerne les propriétaires d'immeubles loués à des agents diplomatiques ? La question se compliquait en effet de cette circonstance que la taxe des ordures ménagères est de celles que le propriétaire doit avancer au Trésor, mais dont il est autorisé par la loi à réclamer le remboursement à son locataire. Pour les taxes de cette espèce, on décide généralement que l'exemption du locataire entraîne l'exemption du propriétaire-bailleur (1). C'est aussi la solution que M. Chassaigne-Goyon a recommandée au Conseil général : « Si les ambassadeurs habitant les hôtels appartenant aux puissances échappaient au payement de la taxe, il serait, semble-t-il, bien injuste de l'exiger des propriétaires des immeubles loués à des agents diplomatiques, qui ne pourraient en obtenir le remboursement de leurs locataires ». Il serait possible, cependant, de soutenir une autre solution et de laisser les propriétaires se faire couvrir de leurs avances sous la forme d'une augmentation de loyer. C'est bien ce qui a lieu d'ailleurs pour l'impôt foncier des immeubles loués à des agents diplomatiques, qui en seraient

(1) Comp. les décisions rendues à propos de la contribution des portes et fenêtres par le Conseil de préfecture de la Seine le 13 août 1878, dans le *Journal du droit international privé*, t. V (1878), p. 601 et le 26 septembre 1878, dans Dalloz, *Rec. pér.*, 1878.5.156.

exemptés s'ils en étaient propriétaires : le propriétaire d'un immeuble ne fait pas venir les impôts en déduction du revenu qu'il entend en tirer. C'est d'ailleurs en ce sens que décide le droit anglais pour les taxes paroissiales. L'article 90 de l'Acte local concernant la paroisse Saint-Mary-lebone (35 Geo., III, c. l. XXIII) porte : « Toute taxe ou imposition établie en vertu de l'Acte sur une maison occupée par un ambassadeur, envoyé, résident, agent ou autre ministre public d'un Prince ou d'un État étranger ou toute autre personne dispensée légalement de payer cette taxe ou cette imposition doit être payée et recouvrée sur le propriétaire ou bailleur de cette maison (*Landlord, owner, cessor or proprietor*) » (1).

Mais c'est là un problème accessoire, et qui intéresse surtout le droit interne ; ce qui touche dans notre espèce le droit international, c'est que les agents diplomatiques ont affirmé leur *droit* à être exemptés de la taxe ; le Conseil municipal, par l'organe de son rapporteur, a formellement rejeté cette prétention et déclaré que ce n'était que par courtoisie qu'il accordait l'exemption. La question demeure donc entière *au point de vue théorique*.

Il faut remarquer toutefois que, dans l'espèce, le problème de l'immunité d'impôts ne se posait pas dans toute sa pureté théorique. Les agents diplomatiques ne se réclamaient pas d'un droit non écrit : ils prétendaient s'appuyer sur des dispositions de droit positif. Ils ne soutenaient pas, pour justifier leur refus de payement de la taxe, que leur qualité les exemptait, à elle seule, de telle ou telle catégorie de contributions : ils arguaient surtout que la taxe des ordures ménagères avait été établie en remplacement d'un impôt qu'ils ne payaient pas et comme accessoire d'un autre impôt dont ils étaient exonérés.

La taxe d'enlèvement des ordures ménagères a été créée en effet pour compenser la perte de recettes que faisait subir au budget de la Ville la suppression des droits d'octroi sur les boissons dites hygiéniques (vins, cidres, poirés, hydromels). Or les agents diplomatiques avaient été en fait exemptés des droits d'octroi sur toutes les boissons alcooliques (hygiéniques ou non) dans des conditions qu'il est intéressant de rappeler.

En même temps que des droits d'octroi au profit de la Ville, ces boissons étaient frappées au profit du Trésor de taxes diverses : droits de circulation, de détail, d'entrée réunis à Paris en un impôt unique, dit taxe de remplacement. Et, par une décision ministérielle du mois de mars 1816, le gouvernement français avait accordé franchise des droits du Trésor sur les boissons alcooliques que les membres du corps diplomatique introduisent dans Paris pour leur consommation et celle de

(1) V. *Journal du droit international privé*, t. XIV (1887), p. 203.

leur maison. En même temps la Régie des contributions directes invitait l'administration de l'octroi à procéder de la même façon, attendu qu'il eût été difficile d'un côté de frapper les objets de la taxe municipale, et de les laisser exonérés de l'autre des droits du Trésor.

En fait, depuis 1816, les articles frappés tout à la fois des droits du Trésor et de l'octroi se trouvèrent exemptés de la taxe municipale parce que cette dernière taxe apparaissait extérieurement comme l'accessoire de la taxe principale au profit de l'État. Mais, en ce qui concernait les objets exclusivement soumis aux droits d'octroi, l'administration refusait généralement l'exemption en se basant sur l'article 105 de l'ordonnance du 9 décembre 1814, portant règlement sur les boissons, et ainsi conçu : « Nulle personne, quelles que soient ses fonctions, ses dignités ou son emploi, ne pourra prétendre, sous aucun prétexte, à la franchise des droits d'octroi ».

Cet état de fait fut consacré en 1879 par une décision du Conseil municipal. L'ambassadeur des États-Unis avait sollicité l'admission en franchise de certaines marchandises déposées à son adresse à la douane du chemin de fer de l'Ouest et qui étaient seulement frappées du droit d'octroi communal. Le 18 mars 1879, le préfet de la Seine transmit sa demande au Conseil municipal. Il rappelait que plusieurs représentants des puissances étrangères avaient sollicité à diverses reprises l'admission en franchise des droits d'octroi pour les objets de consommation destinés à leur usage personnel et à celui de leur maison. Il proposait en conséquence, pour prévenir ces demandes à propos d'objets isolés, de prononcer une solution générale ; et il demandait au Conseil municipa d'accorder en principe aux agents diplomatiques l'admission en franchise des objets exclusivement soumis aux droits d'octroi, en faisant ressortir le peu d'importance de cette exemption au point de vue financier. Mais, sur le rapport présenté par M. Maillard au nom de la première Commission, le Conseil municipal, à la date du 18 mai 1879, adopta une délibération qui rejetait l'exemption en ce qui concernait les objets exclusivement frappés de l'octroi communal, mais qui consacrait explicitement l'admission en franchise des articles sur lesquels portaient à la fois et les taxes au profit de l'État et les taxes au profit de la Ville : « Il n'y a pas lieu d'admettre en franchise des droits d'octroi les objets de consommation à destination des représentants des puissances étrangères près le gouvernement français, en résidence à Paris, affectés à leur usage personnel et à celui de leur maison, *autres que ceux actuellement soumis à la double taxe du Trésor et de l'octroi* ».

Ces objets ainsi soumis à la double taxe du Trésor et de l'octroi étaient principalement les boissons alcooliques (on peut citer en seconde ligne les huiles végétales et minérales frappées d'un droit d'entrée au profit de l'État, en même temps que d'un droit d'octroi au profit de la Ville).

Or un mouvement se dessinait depuis longtemps qui tendait à remanier complètement le régime fiscal de ces boissons en dégrevant les boissons hygiéniques : le déficit ainsi creusé dans le budget de l'État devait être comblé par une surtaxe des alcools. Ce fut l'objet de la loi du 29 décembre 1897. Mais, pour que le but de la loi fût atteint, c'est-à-dire pour que la consommation des boissons hygiéniques fût rendue plus facile, il fallait qu'elles fussent exemptées des droits d'octroi au profit des communes. C'est par ce côté d'ailleurs que le mouvement dont nous avons tout à l'heure indiqué la tendance commença d'aboutir. La loi du 29 décembre 1897 autorisa les communes à supprimer leurs droits d'octroi sur les boissons hygiéniques (art. 1) (1). Mais en même temps la loi prévoyait que la perte de recettes résultant de cette réforme serait compensée par la création de taxes directes ou indirectes dont chacune devait recevoir l'approbation législative (2).

La taxe d'enlèvement des ordures ménagères est justement une de ces taxes établies pour combler le déficit creusé dans le budget de la Ville de Paris par la suppression de la taxe d'octroi sur les boissons hygiéniques. Elle *remplace* cette dernière taxe. Et, dès lors, les agents diplomatiques n'étaient-ils pas fondés à prétendre que, exemptés de la taxe remplacée, ils devaient être aussi exemptés de la taxe remplaçante ?

Ce raisonnement serait exact s'il était possible de considérer qu'il y a eu une sorte de subrogation réelle de la taxe d'enlèvement des ordures ménagères au droit d'octroi sur les boissons hygiéniques. Mais il n'en est pas ainsi. La taxe des ordures ménagères est sans doute, au point de vue économique, une conséquence, une répercussion indirecte de la suppression des droits d'octroi sur les boissons hygiéniques ; mais il n'existe entre ces taxes aucun lien juridique. La taxe des ordures ménagères a pour ainsi dire une individualité distincte : un nom, une assiette, un mode de perception différents des droits d'octroi. Les droits d'octroi étaient un impôt indirect ; la taxe est un impôt direct, etc., etc. Ceux qui y sont assujettis n'ont pas à argumenter, pour s'y soustraire, des nécessités d'ordre financier qui en ont assuré l'établissement. Et nous ne parlons pas pour le moment de cette caractéristique, sur laquelle nous reviendrons tout à l'heure, que la taxe représente la rémunération d'un

(1) Aux vins, cidres, poirés et hydromels, il faut ajouter ici les bières et eaux minérales.

(2) V. Duguit, *Discours au Congrès national de la propriété bâtie*, dans la *Chambre syndicale* du 1er août 1905, p. 9.

service que la municipalité a cessé de rendre gratuitement, alors que les droits d'octroi sont affectés aux besoins généraux de la commune.

Il n'y a donc pas cette subrogation de la taxe nouvelle aux droits supprimés qui justifierait à la rigueur le refus de payement qui a été opposé aux agents de recouvrement de la Ville de Paris.

Mais en outre, comme le faisait remarquer M. Berthélemy dans son rapport au Comité consultatif, ce n'était pas en vertu d'un droit que les agents diplomatiques avaient été exemptés de la taxe d'octroi sur les boissons par délibération du Conseil municipal du 18 mai 1879 ; l'exonération leur avait été accordée par mesure de pure courtoisie. On peut réclamer les conséquences d'un droit qui peut être interprété largement; mais toute faveur, étant une exception au droit commun, doit être interprétée restrictivement et se borner à la charge qui en a fait l'objet. Par conséquent, en l'absence d'une délibération spéciale prise au sujet de la taxe d'enlèvement des ordures ménagères, il n'est pas possible de prétendre appliquer à cette taxe ce qui avait été décidé pour les autres.

Il faut ajouter, d'ailleurs, qu'il ressort très clairement du rapport de M. Maillard, en 1879, que l'exemption ne fut alors accordée que pour cette raison secondaire, que sur un même objet, au même moment de l'entrée, il eût été difficile qu'il y eût à la fois exonération du Trésor et perception au profit de la Ville : « Si depuis 1816 le gouvernement français a cru devoir, à titre de réciprocité vis-à-vis des puissances avec lesquelles il entretient de bonnes relations, exonérer les agents diplomatiques des droits perçus par le Trésor sur les boissons servant à leur usage, et si l'administration de l'octroi, invitée par la Régie des contributions indirectes à procéder de la même manière, a, jusqu'à ce jour, exonéré de la taxe municipale les boissons frappées, tout à la fois, des droits du Trésor et de l'octroi, attendu, comme il a été dit plus haut, qu'il eût été difficile d'un côté de frapper les objets de la taxe et de les laisser exonérés de l'autre, on ne saurait demander davantage à la Ville de Paris ».

Mais l'obstacle qui s'opposait (d'ailleurs sans grande force) à la perception de l'octroi sur les boissons n'existe plus pour la taxe des ordures ménagères. La cause de l'exemption disparait donc et *cessante causa, cessat effectus*. Le refus de payement des ambassadeurs ne pouvait donc se justifier en aucune façon par le caractère de *remplacement* de la taxe des ordures ménagères.

Reste encore cet argument, qui, comme nous l'apprend le Mémoire du préfet de la Seine, a été invoqué par le ministre des finances lorsqu'il concluait à l'exemption de la taxe en faveur des ambassadeurs qui habitent des hôtels appartenant à la nation qu'ils représentent. La taxe des ordures ménagères est établie d'après le revenu net qui sert de base à la contribution foncière ; or les ambassadeurs sont exemptés de cette contribution pour les hôtels officiels de l'ambassade ; donc ils doivent être exemptés de la taxe des ordures ménagères, qui, comme cela résulte de la combinaison des articles 2 et 5 de la loi du 31 décembre 1900, est ntimement liée à la contribution foncière. Du moment qu'il n'existe pas officiellement de revenu net servant de base à la contribution foncière, puisqu'il n'y a pas de contribution foncière, la taxe ne peut être assise, et par là même les ambassadeurs s'en trouvent exemptés.

M. Berthélemy n'a pas eu de peine à réfuter cet argument dans son rapport au Comité du contentieux de la Ville de Paris. Il n'est pas entré dans la pensée du législateur que l'assujettissement à la contribution foncière devait être considéré comme la condition de l'assujettissement à la taxe nouvelle. La contribution foncière n'a été considérée que comme un mode de calcul ; et les deux impôts sont à ce point indépendants, que le législateur a indiqué un mode de calcul spécial pour les assujettis à la taxe d'enlèvement qui seraient exemptés de la contribution foncière. C'est ainsi que les fonctionnaires logés dans les bâtiments de l'État, non cotisés à ce dernier impôt,payent la taxe d'enlèvement sur les trois quarts de la valeur locative de l'appartement qu'ils occupent. Le service de l'assiette avait appliqué cette disposition aux agents diplomatiques habitant des hôtels exemptés par faveur de l'impôt foncier. Signalons toutefois qu'il y avait là une difficulté sérieuse, et que l'on peut se demander, en ce qui concerne l'assujettissement à un impôt, s'il est permis d'étendre par analogie les dispositions d'une loi à des cas qu'elle n'a pas prévus.

On peut ajouter, il est vrai,que la thèse du ministre des finances aboutirait à des inégalités injustifiables entre les agents diplomatiques : les ambassadeurs qui habitent des hôtels appartenant aux puissances qu'ils représentent devraient être exonérés, alors que seraient imposés ceux qui occupent des appartements dans des immeubles soumis à la contribution foncière. « Il existerait ainsi,dit le rapporteur du Conseil municipal, deux catégories d'agents diplomatiques dont l'une jouirait d'un privilège refusé à l'autre ». Remarquons encore qu'il n'y a pas là un argument décisif, et qu'on ne peut passer de ce fait que tous les agents ne pourraient jouir de l'exemption à cette conclusion qu'elle doit être refusée à tous. Du reste, en fait, l'inégalité existe : l'agent qui loue un appartement paye évidemment dans son loyer une partie de l'impôt foncier qui pèse sur son propriétaire, tandis que l'agent qui habite un hôtel appartenant à la nation qu'il représente est exempté de l'impôt foncier.

Quoi qu'il en soit, nous croyons avoir dégagé la question des circonstances qui paraissaient la compliquer dans l'espèce. Les agents diplomatiques ne pouvaient justifier leur refus de payer la taxe ni en s'appuyant sur ce qu'elle remplaçait un impôt qu'ils ne payaient pas, ni en arguant qu'elle était l'accessoire d'une contribution dont ils étaient exonérés. Ils ne pouvaient donc invoquer aucune disposition du droit national ; et, d'autre part, ils n'ont, à notre connaissance, invoqué aucun traité comme a pu le faire, dans un conflit soulevé récemment dans des circonstances analogues, le consul des États-Unis à Lyon.

La loi du 28 juin 1901, à laquelle aboutit la campagne inaugurée quelques années auparavant par M. Berthélemy, alors adjoint au maire de Lyon, supprimait les octrois dans cette ville et créait une taxe de remplacement dite taxe d'habitation, Or, sur le refus du consul des États-Unis de payer cette taxe, l'administration chargée du recouvrement le menaça purement et simplement de faire vendre son mobilier. Au mois de mars 1902, M. Gowdy, consul général des États-Unis à Paris, transmit au ministre des affaires étrangères, contre les prétentions de la municipalité lyonnaise, une réclamation d'autant plus énergique qu'elle s'appuyait sur un texte formel, dont le sens ne pouvait être contesté : l'article 2 du traité du 28 février 1853 entre la France et les États-Unis ainsi conçu : « Les consuls généraux, consuls, vice-consuls ou agents consulaires, français et des États-Unis, jouiront, dans les deux pays, des privilèges généralement attribués à leurs fonctions, tels que l'immunité personnelle, hormis le cas de crime, l'exemption de logement militaire, du service de la milice ou de la garde nationale et autres charges de la même nature, et celle *de toutes les contributions directes et personnelles, fédérales, d'Etat ou municipales* ». Comme deux conditions seulement sont mises à cette exemption accordée en termes si généraux et si absolus : que le consul ne soit point sujet de l'État auprès duquel il exerce ses fonctions et qu'il ne soit pas commerçant, les réclamations du gouvernement des États-Unis devaient triompher sans difficultés (1).

Mais l'attitude des agents diplomatiques à Paris ne pouvait se justifier ni par des arguments tirés du droit national, ni par des textes de droit international conventionnel. Etaient-ils donc admissibles à prétendre qu'ils devaient être exemptés de la taxe en vertu de leur seule qualité, par application des règles non écrites du droit international ? Nous ne pouvons résoudre ce problème qu'après avoir dégagé le principe de l'exemption d'impôts en faveur des agents diplomatiques.

(1) V. *Gazette des tribunaux* du 14 mars 1902, et *Journal du droit international privé*, t. XXIX (1902), p. 654. — V. la convention consulaire du 28 février 1853, entre la France et les Etats-Unis, dans de Clercq, *Recueil des traités de la France*, t. VI, p. 290.

II. — Dans une étude juridique, l'immunité doit être considérée comme un *droit* véritable, découlant d'un principe supérieur du droit des gens. La sanction de ce droit, si ce droit existe, est, en dehors de toute disposition positive des législations nationales ou des traités internationaux, le refus par les agents diplomatiques du payement des impôts.

Cette théorie juridique a été rarement abordée d'une façon approfondie. La plupart des auteurs qui ont étudié cette matière se sont trop souvent contentés d'exposer les dispositions des lois nationales ou des traités internationaux ; lorsqu'ils ont essayé de dégager une règle générale, ils se sont trop souvent bornés à avancer des affirmations sans preuve ou à invoquer des fictions sans tenter de les justifier ; ils n'ont pas reculé devant les contradictions, ni hésité devant les pétitions de principe. Commencent-ils le dessin général d'une théorie juridique de l'exemption, ils ne tardent pas à l'abandonner pour conclure qu'au fond elle découle seulement de la faveur, de la courtoisie, ou de l'hospitalité (1).

L'Institut de droit international a, il est vrai, à Hambourg, en 1891, et à Cambridge, en 1895, dressé un projet de réglementation internationale de l'exemption d'impôts (2). Mais — fait qui peut surprendre de la part d'une assemblée purement scientifique — il n'a pas tenté d'édifier ce règlement sur un principe juridique. Il s'est préoccupé seulement de poser des règles qui seraient acceptées par la pratique internationale : elles devaient, pour atteindre ce but, ne pas trop déranger les habitudes prises, ne pas aller trop directement à l'encontre de l'état de choses existant. C'est sur les observations de M. de Martens que l'Institut a adopté cette conduite de Conférence diplomatique. A la session de Cambridge (août 1895), l'illustre jurisconsulte mit l'assemblée en garde contre la confusion du point de vue du *droit* avec celui de la courtoisie internationale. En fait, fit-il remarquer, les gouvernements accordent de très larges immunités, qui cependant ne sauraient constituer autant de droits au profit des personnes exemptées. Il ajouta qu'il était inutile d'entrer dans les détails et de régler minutieusement la matière sous le rapport juridique (3). A la session de Venise, en 1896, il empêcha de nouveau l'Institut d'aborder l'étude juridique de l'immunité d'impôts des consuls, et toujours pour les mêmes considérations d'ordre purement

(1) V. par exemple, Pradier-Fodéré, *Cours de droit diplomatique*, t. II, p. 57 et 74.— Cet auteur classe l'immunité d'impôts sous la rubrique des immunités se rattachant à l'indépendance des agents diplomatiques ; mais il explique dans la suite qu'elle ne se rattache pas à l'indépendance.

(2) *Annuaire de l'Institut de droit international*, t. XI, p. 395 ; t. XIV, p. 226.

(3) *Annuaire de l'Institut de droit international*, t. XIV, p. 226.

pratique. « Consentez, M. le rapporteur, dit-il, à sacrifier cet article sur l'autel de notre concorde; *aucun gouvernement ne l'acceptera*. Cette question soulève déjà mille difficultés pour les diplomates. Que sera-ce quand on y mêlera les consuls ! » (1).

La pratique se ressent de cette absence de principe directeur : la plus grande incertitude y règne. Elle présente une série incohérente de dispositions particulières, relatives à des impôts spéciaux : ces dispositions sont parfois contenues dans des conventions internationales (2), tantôt dans es lois intérieures des États (3). Toutes ces dispositions isolées, n'étant pas reliées entre elles par un principe dominant, ne sont pas toujours concordantes. On trouve de pays à pays des dispositions contradictoires. Cette incohérence n'apparait nulle part mieux qu'à propos des droits de douane. On ne peut trouver en cette matière qu'une disposition (nous ne disons pas une règle) commune : ce que les agents *diplomatiques* apportent avec eux pour la première fois, à leur arrivée dans le pays, passe en franchise. Pour tout le reste, on trouve des différences entre les diverses législations, notamment au point de vue des personnes appelées à jouir de l'exemption : les unes en restreignent le bénéfice au seul chef de la mission, les autres l'étendent à tout le personnel officiel ; — au point de vue de la manière dont ce bénéfice est acquis : tantôt il est acquis de plein droit, tantôt au contraire, comme en Angleterre, il faut pour chaque entrée d'objets imposables une autorisation du ministère des affaires étrangères ; — au point de vue du délai pen-

(1) *Annuaire de l'Institut de droit international*, t. XV, p. 296.

(2) Il ressort d'une circulaire du directeur des contributions directes en date du 9 janvier 1875 que soit en vertu de conventions expresses, soit en vertu de la convention tacite qui résulte de la réciprocité, les consuls de toutes les nations, excepté ceux d'Angleterre, doivent être affranchis des contributions personnelle, mobilière et des portes et fenêtres. Cette circulaire est citée sous la décision du Conseil de préfecture de la Seine du 26 septembre 1878 dans la *Jurisprudence des Conseils de préfecture*, 1878, p. 385.— Comp. la convention consulaire du 23 février 1853 entre la France et les États-Unis.

(3) V. par exemple la loi française du 7 thermidor an III, article 17 : « Les ambassadeurs, envoyés ou chargés d'affaires des nations amies ou alliées seront complètement exempts de la contribution personnelle et autres taxes aujourd'hui établies, quel que soit le temps de leur séjour ». Comp. Circulaire ministérielle du 7 ventôse an XII ; Avis du Conseil d'Etat du 17 novembre 1843.— La loi italienne du 14 juillet 1864, article 7, exempte, sous la condition de réciprocité, les ministres publics non régnicoles de l'impôt sur les revenus de la richesse mobilière pourvu qu'ils ne se livrent à aucun commerce ou industrie. — « En Angleterre, les agents diplomatiques sont dispensés par la loi de l'income tax, et dans la pratique on ne les frappe pas de l'impôt des maisons ou de licence ». V. discours de sir J. Fergusson, sous-secrétaire d'État aux affaires étrangères, à la Chambre des communes le 9 avril 1891, dans le *Journal du droit international privé*, t. XVIII (1891), p. 374.— La loi saxonne du 13 novembre 1876 exempte des impôts sur les successions, dans son article 1er, les biens dévolus au Roi, aux ambassadeurs et chargés d'affaires ou à leurs familles (*Journal du droit international privé*, t. IV (1877), p. 463).

dant lequel dure le bénéfice de la réception en franchise : ce délai est illimité en France (décision du 24 février 1826), en Belgique mais seulement au cas de réciprocité (loi du 26 août 1882), en Allemagne (loi douanière du 8 juillet 1867), en Angleterre, en Suède, en Russie (règlement du 26 mai 1903, rapporté dans le *Journal du droit international privé*, t. XXXI (1904), p. 232) ; mais, par contre, n'admettent l'admission en franchiseque pendant un délai de six mois après l'arrivée de l'agent diplomatique : l'ordonnance espagnole d'octobre 1814, la loi danoise de 1771, le règlement autrichien du 30 avril 1875 ; certaines législations, comme l'ancienne législation anglaise, fixent enfin l'exemption des droits de douane à un chiffre annuel maximum.

L'absence d'idée conductrice est plus sensible encore s'il est possible en ce qui touche les agents consulaires. Tout ce qu'on peut avancer, c'est que leurs exemptions sont moindres que celles des agents diplomatiques ; qu'en général elles ne portent que sur les impôts directs (1), mais ceci n'est pas toujours vrai, puisqu'en Russie ils sont exempts, au moment de leur arrivée, du payement des droits de douane jusqu'à concurrence d'un chiffre déterminé (2).

En l'absence d'une disposition positive, c'est le règne de l'arbitraire absolu. Ordinairement, les choses se passent de la façon suivante : les gouvernements réclament le payement des impôts ; les intéressés refusent ; les gouvernements cèdent, en faisant des réserves sur les principes, Cette attitude respective des États et des représentants des puissances étrangères est bien symbolisée par la rédaction significative d'une circulaire envoyée en 1873 à ses agents par le ministre français des finances à propos des droits sur les baux des hôtels occupés par les ambassades et les légations étrangères. La circulaire ne dit pas que ces droits ne sont pas dus ; elle ne dit même pas qu'ils ne doivent pas être réclamés, mais seulement qu' « il *ne sera pas insisté sur le payement* de ces droits ».

On voit à quel point il est intéressant d'essayer de construire une théorie juridique de l'immunité d'impôts, d'examiner s'il est possible de systématiser les solutions isolées qu'offrent les législations nationales ou les traités internationaux, de rechercher un critérium qui permette de distinguer celles qui sont l'application pure et simple du droit de celles qui ne sont que l'effet de la courtoisie, de dégager le principe qui indique avec certitude dans un conflit comme celui qui a été l'occasion de cette étude de quel côté est le droit.

Qu'on ne se trompe pas d'ailleurs sur la portée pratique de la recher-

(1) Convention consulaire du 28 février 1853 entre la France et les États-Unis.
(2) De Clercq, *Guide pratique des consulats*, édit. 1898, t. I, p. 13 et suiv.

che théorique du fondement de l'immunité d'impôts : démontrer par hypothèse que ce fondement juridique fait défaut, n'est pas nécessairement conclure à la suppression de cette immunité. Le raisonnement abstrait le mieux déduit ne peut faire oublier cette tradition universelle et remontant aux âges les plus reculés : toutes les nations civilisées ont toujours entouré d'un prestige particulier les agents diplomatiques. Une fois que nous aurons déterminé le but juridique de l'exemption d'impôts, nous n'aurons pas par là même résolu la question de savoir si dans la pratique l'immunité ne doit pas aller plus loin que ce que réclame ce but juridique (1). Nous n'aurons peut-être pas dégagé le principe pratique qui doit dominer les législations nationales ou internationales ; nous aurons seulement permis de résoudre ce problème : en dehors de toute disposition de loi ou de traité, les agents diplomatiques peuvent-ils réclamer l'immunité d'impôts comme un droit, et agir comme si ce droit était reconnu, c'est-à-dire refuser le payement des impôts dont ils se considèrent comme exemptés.

III. — Au moment d'aborder cette étude, nous nous trouvons en présence de cette question qu'il nous faut préalablement résoudre : peut-on embrasser dans les mêmes considérations les impôts d'Etat et les impôts des communes ? Ou bien y a-t-il entre ces contributions des différences de nature qui exigent pour chacune un examen séparé ?

La plupart des auteurs semblent assez disposés à faire des impôts communaux une catégorie à part, pour laquelle l'exemption serait beaucoup plus difficilement reconnue qu'en ce qui concerne les impôts d'État. Mais les arguments donnés à l'appui de cette opinion manquent le plus souvent de précision et toujours de justesse. C'est ainsi que Pradier-Fodéré (2) met les contributions municipales à la charge des agents diplomatiques parce qu' « elles prennent le plus souvent la forme de centimes additionnels à d'autres impôts » (3). Est-il besoin de faire remarquer que la forme que revêt une contribution est absolument indifférente à la question de savoir si cette contribution est due ou si elle ne l'est pas ? En outre, le problème reste entier pour les impôts communaux, qui ne sont pas perçus sous cette forme.

Mais l'argument que l'on trouve le plus souvent reproduit à l'appui

(1) V. Lehr, *Rapport à l'Institut de droit international*, dans l'*Annuaire de l'Institut de droit international*, t. XI, p. 395, 404 et suiv. ; Laurent, *Droit civil international*, t. III, p. 72.

(2) *Cours de droit diplomatique*, t. II, p. 74.

(3) Nous ne parlons pas de l'affirmation de M. Odier que les taxes municipales, « prélevées sous la forme de centimes additionnels au principal, ont, de ce chef, le caractère de charges foncières. » !!! (*Privilèges des agents diplomatiques*, p. 280).

de l'assujettissement des agents diplomatiques aux taxes communales, c'est que ces taxes sont imposées à « l'habitant comme tel » (1). Si nous comprenons bien le sens de cette expression, cela signifie que, par le fait seul qu'il réside dans une ville, le ministre fait partie en quelque sorte de la communauté qui habite cette ville, qu'il jouit des avantages de la vie communale, qu'il doit par conséquent en supporter les charges (2). Ce raisonnement apparait bien exact ; mais on ne voit pas pourquoi on le réserverait aux taxes communales. Les taxes de l'État sont, elles aussi, imposées à l'habitant comme tel : c'est la qualité d'habitant qui fait le contribuable et non celle de national. Si d'ailleurs l'habitant d'une ville doit payer les taxes de la ville parce qu'il jouit de tous les avantages que les taxes servent à payer, il jouit aussi de tous les avantages que procure l'État, et on ne voit pas pourquoi ce serait gratuitement. Qu'en fait, dans les agglomérations urbaines, il y ait plusieurs de ces taxes qui constituent la rémunération directe de services rendus (balayage, tout à l'égout, etc.) et que, par conséquent, les agents diplomatiques y soient astreints, cette observation ne peut servir de point de départ à une conclusion générale s'appliquant à toutes les taxes municipales.

Il y a peut-être aussi dans cette expression que la taxe communale frappe « l'habitant comme tel » une autre idée obscurément entrevue et qui est celle-ci : la commune est une personne morale distincte de l'État, qui pose des règles pour ses habitants, sans se préoccuper de savoir quels sont les liens qui existent entre les habitants et l'État. Peu lui importe qu'ils soient ou non sujets de l'État ; peu lui importe aussi que cet habitant soit ambassadeur auprès de l'État : « Il est bon de faire observer, disait M. Maillard dans son rapport au Conseil municipal de Paris le 26 avril 1879, que la Ville de Paris, n'ayant point à l'étranger de représentants officiels, ne saurait être tenue, vis-à-vis des représentants des puissances étrangères auprès du gouvernement français, à la même courtoisie que l'État ». Cette idée part évidemment d'une conception exagérée du rôle de la commune dans l'État : la commune n'a pas une puissance publique distincte de l'État : il n'y a pas à proprement parler d'impôts communaux. Ce n'est en aucun cas le Conseil municipal qui crée les impôts communaux ; il en fixe le taux, souvent dans certaines limites fixées par le Conseil général, et toujours en vertu d'une autori-

(1) Pradier-Fodéré, *Cours de droit diplomatique*, t. II, p. 74.

(2) Neumann, *Grundriss*, § 63, estime qu'il n'y a aucune raison pour dispenser les ministres publics du payement des « Gemeindeumlagen », parce qu'il n'y a aucune raison de donner gratuitement aux agents diplomatiques la propreté des rues, l'éclairage, etc. — Comp. Heffter, *Le droit international de l'Europe*, § 217.

sation du pouvoir législatif. C'est donc toujours la loi qui *crée* les impôts communaux. Ces impôts sont ainsi dans la réalité des impôts d'État affectés seulement à un intérêt communal (1).

On ne saurait dire par conséquent que l'ambassadeur, accrédité auprès de l'État, ne saurait prétendre être exempté des impôts de la commune. S'il a droit à une exemption, aucune distinction ne doit être faite entre les impôts dits d'État et les impôts dits communaux.

En pratique, d'ailleurs, les exemptions portent tant sur les taxes communales que sur les impôts d'État. Nous avons déjà cité la convention du 28 février 1853 entre la France et les États-Unis qui exempte les consuls de toutes impositions directes, fédérales, d'État, ou municipales. Dans les législations nationales nous trouvons la même diversité pour les taxes municipales que pour les impôts d'État. En France, les agents diplomatiques payent les taxes municipales de vidange et de balayage ; mais en Angleterre ils sont exemptés des taxes paroissiales, taxes d'égout, taxes des pauvres, etc. (2). Un avis du Conseil de l'Empire de Russie, approuvé par l'Empereur le 1er décembre 1897, autorise les Conseils municipaux de toutes les villes de l'Empire à introduire, au profit de leur ville respective, une taxe sur les chiens, dont seront frappés tous les chiens se trouvant dans les limites de la ville, à l'exception : *a*) des chiens qui appartiennent aux représentants des grandes puissances étrangères et aux personnes faisant partie des ambassades et légations étrangères ainsi qu'aux consuls généraux, consuls, vice-consuls et agents consulaires, si les consuls de Russie jouissent du même privilège dans les pays correspondants.

Nous pouvons donc embrasser dans une même étude juridique l'exemption des impôts nationaux et celle des impôts communaux.

IV. — Faisant abstraction de toutes les idées préconçues et de tous les raisonnements *a priori*, nous partirons d'un fait qui nous paraît évident : les agents diplomatiques sont des étrangers résidant sur le territoire (3).

(1) V. Duguit, *L'Etat*, t. II, p. 711.

(2) V. *Journal du droit international privé*, t. XIV (1887), p. 203.

(3) Un véritable abus de cette expression vient d'être commis par le Président du Vénézuéla Castro, pour excuser sa méconnaissance du caractère et des immunités diplomatiques du représentant de la France à Caracas. M. Taigny, chargé d'affaires de France, étant allé à bord du transatlantique *Martinique* prendre sa correspondance, où pouvaient se trouver les instructions de son gouvernement, le Président Castro, prétextant les règlements sanitaires, lui interdit de débarquer sur le territoire du Vénézuéla (20 janvier 1906). Il essaya ensuite dans des communications à la presse, et dans un long manifeste, de justifier sa conduite : il aurait donné une nouvelle preuve de sa générosité à l'égard du chargé d'affaires de France ; il aurait en effet tiré ce « *résident étranger* » des mains de la justice vénézuélienne et lui aurait évité la procédure judiciaire qui s'imposait à la suite de la violation des lois du pays qu'il aurait commise en se rendant à bord du vapeur sans

Par conséquent, à moins qu'il n'y ait une raison spéciale pour justifier en leur faveur une exception, ils doivent, au point de vue fiscal, être soumis au droit commun des étrangers résidant.

Nous essayerons, en des termes aussi brefs que possible, de préciser quel est ce régime fiscal des étrangers résidant.

Ce sera à la thèse de l'immunité d'impôts à faire alors ses preuves : le droit commun est présumé applicable ; et l'exception doit être prouvée.

Nous examinerons donc les raisons qui sont ou pourraient être données pour soustraire les agents diplomatiques au droit commun des étrangers résidant.

Si ces raisons ne nous apparaissent pas valables, nous serons autorisés à dire que l'immunité d'impôts n'est pas fondée en droit.

V. — Nous disons tout d'abord qu'il y a présomption que l'agent diplomatique étant un étranger résidant doit être traité comme un étranger résidant. Il faut donc, pour que l'on voie l'intérêt de cette proposition, que nous indiquions quelle est la situation fiscale des étrangers résidant.

En fait, cette situation a été laissée jusqu'ici à l'arbitraire des législations nationales. Il en est résulté des inconvénients dans la pratique. Le conflit de deux législations qui prétendent se soumettre le même individu peut aboutir à des injustices contre lui : il se trouve exposé notamment à être mis à contribution pour les mêmes biens une première fois dans le pays de sa résidence et une seconde fois dans le pays de sa nationalité. Cette injustice a préoccupé les jurisconsultes (1) ; et depuis

permis, malgré les avertissements des inspecteurs sanitaires (V. le *Temps* du 23 janvier 1906). Sans doute les agents diplomatiques sont des étrangers résidant, et n'ont pas DROIT *en principe* à un traitement différent de celui des étrangers résidant ; mais il ne faut pas oublier, comme l'a fait le Président Castro, que ces étrangers résident pour accomplir une mission internationale, et qu'ils ont un *droit absolu* à la plus entière liberté dans l'exercice de cette mission. L'exemption d'impôts est-elle une condition de cette liberté ? C'est la question que nous devons nous poser dans notre espèce.

(1) V. Lehr, *Des doubles impositions en droit international, de leurs causes et de leurs remèdes*, dans le *Journal du droit international privé*, t. XXVIII (1901), p. 722. V. aussi le rapport présenté à l'Institut de droit international par M. Barclay, sur *Les doubles impositions dans les rapports internationaux, notamment en matière de mutations par décès*, dans l'*Annuaire de l'Institut de droit international*, t. XVII, p. 148 ; Ad. Wagner, *Finanzwissenschaft*, 2e édit., Leipzig, 1890, t. II, p. 407-414 ; Georg Schanz, *Zür Frage der Steuerpflicht*, dans la Revue *Finanz Archiv Zeitschrift für das gesammte Finanzwesen*, Stuttgard, 2e année, 1892, vol. II, p. 1-74, notamment p. 32-74 ; E. Lehr, *Quelques mots sur le droit fiscal international et les immunités des Souverains*, dans le *Journal du droit international privé*, t. XXVI (1899), p. 311-314 ; Eheberg, *Doppelbesteuerung*, dans le *Handwörterbuch der Staatwissenschaften* de Conrad, Colster, Lexis, 2e édit., 1900, t. III, p. 235-237 ; Alessandro Garelli, *Il diritto internazionale tributario*. Parte generale, *La scienza della finanza internazionale tributaria*, Torino, 1899 ; Dr Joachim Bartoshewicz, *Die Erbschaftssteuer im internationalen Rechte*, Lemberg, 1899 ; de Bar, *Observations sur*

longtemps on s'est trouvé d'accord pour dégager en faveur des seuls agents diplomatiques des principes d'équité applicables à tous les étrangers résidant.

Ce phénomène de la double imposition peut avoir deux causes différentes : ou bien un abus de l'État de la nationalité envers son sujet ; ou bien un abus de l'État de la résidence envers le résidant. Il apparaît tout de suite que c'est cette seconde cause seule qui touche le droit international et qui devra nous occuper.

Afin de définir le droit pour l'État de la résidence de demander des impôts à l'étranger résidant, il faut d'abord examiner quels sont, d'une manière générale, les droits de l'État sur un individu qui n'est pas son sujet et qui entre sur son territoire.

Les droits de l'État sur un étranger sont engendrés uniquement par le fait de la résidence : ils ne doivent pas aller plus loin que ne le permet cette origine. Expliquons-nous. Lorsqu'il s'agit du national, c'est un véritable lien *personnel* qui l'unit à son État : par conséquent, l'État pour asseoir ses impôts pourra prendre en considération la personne de son sujet ; rien ne s'opposera par exemple, au point de vue du droit, à ce qu'un national soit frappé, à raison de biens qu'il possède en dehors du territoire, soit par des impôts spéciaux, soit par un impôt général sur le capital ou le revenu global : nous ne voyons pas qu'il y ait un obstacle juridique à ce qu'un État demande à son sujet l'impôt foncier pour un immeuble situé en dehors du territoire, ou les droits pour une succession qui lui est échue hors les mêmes limites. C'est l'effet de la *souveraineté personnelle*. Aucun lien de cette nature n'existe entre le résidant et l'État de la résidence : c'est le simple fait de la résidence qui établit des rapports entre eux : l'État ne pourra donc invoquer que sa *souveraineté territoriale*. Le Souverain territorial sera donc autorisé à tenir compte de ce fait de la présence de l'étranger et de l'existence à son nom d'éléments imposables sur le territoire : il pourra dès lors les taxer. Mais il dépasserait les conséquences de ce fait, si, prenant en considération la personne du résidant, il prétendait le taxer pour des biens possédés en dehors du territoire : ainsi il ne pourra pas lui demander des impôts spéciaux sur les biens situés hors de ces limites ; il ne sera pas admis à frapper de l'impôt foncier des biens situés à l'étranger et possédés par l'étranger ; il ne pourra réclamer à l'étranger des droits de mutation

les principes du droit international concernant les impôts, dans la *Revue de droit intern. et de lég. comparée*, t. XXXII (1900), p. 435 ; Wahl, *Des droits d'enregistrement dans les rapports internationaux*, dans le *Journal du droit international privé*, t. XVIII (1891), p. 1065 ; Pillet, *Principes de droit international privé*, 1903, n°s 103 et suiv., 197 *bis*, p. 241 et 393 ; Weiss, *Traité de droit international*, 1894, t. II, p. 162 et suiv.

pour des biens qui échappent à sa souveraineté territoriale, etc. ; et,s'il existe dans ses institutions un impôt global sur le capital ou sur le revenu, il ne pourra le demander à l'étranger qu'à raison des biens soumis à cette souveraineté territoriale. Donc, tous les éléments imposables existant sur le territoire et pouvant être mis au nom du résidant — et ceux-là seuls — seront susceptibles d'être frappés de l'impôt. Il faut entendre cette expression d'« éléments imposables » dans son sens le plus large : elle embrasse notamment la possession de biens meubles et immeubles, l'accomplissement de certains actes, la jouissance de certains services.

Tel est le principe. Nous ne pouvons dissimuler qu'il y aurait quelques difficultés dans l'application et notamment pour déterminer avec certitude la situation juridique des éléments imposables. Mais ces difficultés ne sont pas insurmontables. On a déjà proposé, à propos des mutations par décès, certaines règles sur la situation des biens qui paraissent applicables à tous les impôts. Pour les immeubles, il n'y a aucune difficulté ; — il n'y a aucune raison pour que les meubles corporels aient une situation juridique différente de celle qu'ils possèdent en fait au moment où se pose la question de l'imposition ; — les navires sont situés à leur port d'attache ; — les créances, aux lieux où elles sont payables ; — les titres nominatifs, aux lieux où,en fait,ils se trouvent au moment où il s'agit de les taxer, etc. (1).

Ce sont là d'ailleurs des points de détail dont l'examen dépasserait les bornes de notre sujet. Le principe seul nous intéresse : l'État est autorisé à frapper de l'impôt les éléments imposables soumis à la souveraineté territoriale.

Cette détermination juridique de la situation au point de vue des impôts de l'étranger résidant est claire, nette, précise. Si une certaine indécision demeure encore dans la doctrine, c'est qu'au lieu de s'attacher à des principes juridiques, elle s'est trop généralement appuyée sur des considérations d'équité ou d'ordre économique qui laissent toujours place à la discussion. Elle a trop souvent pris pour point de départ de ses déductions cette conception d'ordre économique, et du reste discutable, que l'impôt est une rémunération de services, pour s'appliquer ensuite à dispenser l'étranger résidant des impôts correspondant à des services dont il n'aurait pas la jouissance.

Il n'est pas inutile que nous examinions cette théorie, d'abord parce

(1) Desjardins, *Rapport à l'Institut de droit international*, dans l'*Annuaire de l'Institut de droit international*, t. XVI, p. 310 et t. XVII, p. 149 ; L. de Bar, *Observations sur les principes du droit international concernant les impôts*, dans la *Revue de droit intern. et de lég. comparée*, t. XXXII (1900), p. 435.

qu'elle a été très souvent proposée pour ces étrangers spéciaux que sont les agents diplomatiques, et ensuite pour montrer qu'au fond les conclusions au point de vue équitable et économique ne sont pas en contradictions avec les conclusions juridiques.

Il y a toute une catégorie de services pour lesquels il n'existe aucune difficulté: ce sont ceux qui ne sont rendus au contribuable que contre le payement d'une taxe spéciale. C'est en ce sens que nous avons pu dire dans notre théorie juridique que la jouissance de certains services est un élément imposable. Il est incontestable que l'étranger résidant doit payer son billet de chemin de fer, ses timbres pour ses envois postaux, son passage sur les ponts ou bacs à péage, etc. Il doit également acquitter les taxes qui sont affectées *spécialement* à un service dont il jouit à l'égal des régnicoles : il en est ainsi notamment dans la Ville de Paris des taxes de balayage, de vidange, d'enlèvement des ordures ménagères.

Mais, en ce qui concerne les services auxquels il est pourvu par des prélèvements sur l'ensemble des ressources générales, on va nécessairement à l'aventure, parce que la discussion est toujours possible. M. Lehr, par exemple (1), estime que le résident doit payer l'impôt foncier, sans doute parce que l'État garantit et protège la propriété et qu'il lui est dû rémunération de ce chef. Mais, en dehors de cette protection, il jouit de tout un ensemble de services au premier plan desquels il faut placer les divers services de voirie pour lesquels il n'est pas exigé une taxe spéciale : entretien des routes, chemins, rues, éclairage des voies urbaines, etc. Les étrangers vont-ils en jouir gratuitement, alors que les régnicoles les rémunèrent par l'ensemble des impôts qu'ils supportent ? M. Lehr avance alors que ces divers services sont des corollaires nécessaires de la propriété foncière, puisque les immeubles ne sont utilisables que si on peut y accéder ; et que, par conséquent, c'est l'impôt foncier qui sert à payer les divers services de voirie : cela semble logique mais l'est peut-être trop pour correspondre à la réalité. Il n'est pas exact que l'impôt foncier paye tout ce qui facilite l'accès des immeubles, comme il n'est pas exact que les autres impôts servent seulement à la protection des personnes ou des objets mobiliers. Ou bien il faudrait refondre pour quelques étrangers tout le système fiscal des divers pays, afin de faire payer dans l'impôt foncier les services de voirie ; ou bien il faudrait faire payer aux simples résidents une taxe spéciale afférente à ces services. A quelles complications on se condamne parce qu'on évite la simple application des principes juridiques !

En dehors de ces services, pour ainsi dire matériels et tangibles, le

(1) *Bases légitimes de l'impôt en droit international*, dans la *Revue de droit international et de lég. comparée*, 2e série, t. V (1903), p. 547 et suiv.

simple résident jouit pour sa personne et pour ses biens d'une sécurité garantie par un ensemble de mesures préventives et répressives qui sont payées au moyen des impôts acquittés par les regnicoles : les résidents vont-ils en jouir gratuitement? M. Lehr ne le voudrait pas : aussi autorise-t-il l'État à exiger de l'étranger une taxe spéciale. L'abandon des principes juridiques aboutit encore à une complication et à une complication grave : car la détermination du montant de cette taxe sera nécessairement arbitraire.

Restent les dépenses militaires, celles qui sont destinées à assurer le service de la dette publique, les dépenses de l'instruction publique, etc. La plupart des auteurs s'accordent à reconnaître que l'étranger résidant, et spécialement l'agent diplomatique, ne doit pas contribuer à ces dépenses : seul le lien de nationalité peut justifier l'obligation de les acquitter, parce que seuls les nationaux y sont intéressés. Cette dernière affirmation n'est pas fondée. Elle méconnaît la solidarité qui existe entre les divers éléments de la vie d'une nation. La force militaire d'une nation a sa répercussion sur sa puissance économique, et le résident jouit d'être dans un pays riche ; elle a sa répercussion incontestable sur l'ordre public : elle prévient la guerre, et le résident jouit d'être dans un pays en paix, où l'ordre règne. Il devra donc payer une part des dépenses militaires. Est-il permis d'affirmer comme un axiome qu'il ne doit pas participer au service des arrérages de la dette publique ? On ne voit pas pourquoi. Les emprunts ont servi à construire ces travaux publics dont l'étranger n'a plus qu'à jouir, à organiser cet ensemble de services que l'étranger trouve en plein fonctionnement ; n'est-il donc pas équitable qu'il contribue pendant la durée de sa résidence au service de ces emprunts? C'est une même méconnaissance de l'unité de la vie des nations et de la solidarité étroite qui relie leurs divers éléments qui a pu faire croire que les étrangers résidant ne sont pas intéressés aux dépenses de l'instruction publique. Ce n'est qu'une vue superficielle qui peut laisser croire que seuls y sont intéressés ceux qui s'asseyent ou dont les enfants s'asseyent sur les bancs des écoles. L'état général de la nation s'en ressent, les services publics sont mieux accomplis et tous ceux qui résident sur le territoire en éprouvent les effets.

L'étranger, et par conséquent l'agent diplomatique, est donc admis à jouir soit directement, soit indirectement, de tous les services publics sans exception. Et même, si on s'attachait seulement pour déterminer sa situation fiscale aux services rendus, pourrait-on être amené à le frapper plus lourdement que les nationaux. En effet, pourrait-on dire, l'étranger n'a pas contribué aux charges nécessitées par la création des services aux avantages desquels il sera appelé à participer aussitôt qu'il aura mis le pied sur le territoire : ses parents n'y ont pas participe non plus. Dès lors, ne serait-il pas équitable de faire en quelque sorte un rappel de ce qu'a coûté pour chacun des nationaux l'organisation des services que l'étranger trouve en plein fonctionnement et de lui faire payer de ce chef une taxe spéciale ?

Par conséquent, toute ventilation entre les services publics dont le résident profite et ceux dont il ne profite pas est nécessairement arbitraire. Aussi bien, pour déterminer son obligation aux impôts, convient-il, non point de considérer à quelles dépenses ces impôts sont destinés, mais de s'attacher seulement aux éléments imposables que possède le résident et qui sont incontestablement soumis à la souveraineté territoriale. C'est d'ailleurs une règle nécessaire de tous les droits nationaux : on contribue à raison de ses biens et non à raison de la jouissance que l'on aura des services publics. Les indigents assistés sont ceux qui prennent la jouissance la plus large des dépenses publiques et qui y contribuent pour la moindre part. Un aveugle ne saurait prétendre à une diminution des impôts correspondant à sa part dans les dépenses effectuées par les pouvoirs publics pour le plaisir des yeux : jardins, musées, travaux d'embellissement, etc.

Par conséquent, l'étranger doit payer les impôts, sans qu'il puisse, plus qu'un national, arguer de la destination de ces impôts, pour tous les biens qu'il possède sur le territoire, lorsque l'impôt est basé sur les biens, pour tous les services qui lui sont rendus, lorsque l'impôt est basé sur le service rendu, pour tous les actes qu'il accomplit sur le territoire, lorsque l'impôt frappe les actes (enregistrement, mutations, jouissance d'un certain logement, passage de marchandises aux frontières douanières ou aux limites d'octroi, etc., etc.).

Nous ne croyons pas qu'il soit possible d'édifier un raisonnement juridique, qui différencierait la condition des simples résidents de celle des nationaux au point de vue de l'impôt, sur ce fait que les nationaux ont consenti l'impôt par l'intermédiaire de leurs représentants, tandis que les résidents se bornent à le subir (1). De même que les nationaux qui sont dans la minorité sont traités comme s'ils avaient consenti à la décision prise par la majorité, de même ceux qui résident sur un territoire peuvent être censés avoir accepté les effets légitimes de la souveraineté territoriale.

En résumé, l'étranger résidant ne peut être, au point de vue des impôts, assimilé au national : mais les lois financières touchent tous les

(1) Lehr, *Bases légitimes des impôts en droit international*, dans la *Revue de droit international et de lég. comparée*, 2e série, t. V (1903), p. 547.

éléments imposables qui, existant au nom du résident, sont atteints par la souveraineté territoriale de l'État.

Il n'y a aucune raison, ni au point de vue juridique, ni au point de vue de l'équité, ni au point de vue économique, pour faire à l'étranger résidant une situation plus favorable qu'aux régnicoles au sujet des éléments imposables atteints par la souveraineté territoriale : et notamment son obligation aux impôts ne pourra être influencée par la considération des dépenses que ces impôts sont appelés à couvrir, ou par ce fait qu'il n'a pas directement ou par ses représentants voté ces impôts.

Telle serait donc la situation des agents diplomatiques au point de vue des impôts s'ils étaient soumis au droit commun. Il nous faut rechercher maintenant quelles raisons juridiques sont ou peuvent être proposées pour les soustraire à l'application de ce droit commun.

VI. — Nous devons examiner en premier lieu, à cause de l'importance considérable qu'elle présente dans la pratique, la théorie d'après laquelle les agents diplomatiques ne sauraient être assujettis au régime fiscal des étrangers résidant, parce que justement *ils sont censés ne pas résider sur le territoire de l'État où ils remplissent leurs fonctions* et cela en vertu du « principe » d'*exterritorialité*. « Dans notre espèce, dit notamment M. Chassaigne-Goyon, les agents diplomatiques ne figurèrent au rôle de la taxe des ordures ménagères en 1902 qu'à la suite d'un échange de vues entre M. le Président du Conseil, ministre de l'intérieur, et M. le préfet de la Seine, qui s'accordèrent à reconnaître que le *principe d'exterritorialité* ne saurait justifier à l'égard des représentants des puissances étrangères l'exemption des taxes municipales ». Les décisions judiciaires ou administratives relatives aux exemptions d'impôts des agents diplomatiques ne manquent jamais de s'appuyer sur le principe d'exterritorialité : « En pratique, dit Demangeat, ce principe n'est pas contesté » (1).

Il faut remarquer d'ailleurs que la pratique est approuvée par une partie considérable de la doctrine. « L'exterritorialité personnelle du ministre l'exempte ainsi que sa suite des impositions personnelles payées par les sujets », dit G.-F. de Martens (2). Et même, les auteurs qui, par ailleurs, réduisent à sa juste portée cette expression d'exterritorialité obéissent à une tradition plus forte que leurs propres raisonnements et expliquent l'exemption d'impôts par le principe de l'exterritorialité. « L'une

(1) *Journal du droit international privé*, t. II (1875), p. 89. — Comp. *ibid.*, t. XI (1884), p. 57, et la note ; *ibid.*, t. XII (1885), p. 426. — Diverses décisions ministérielles des 9 juillet 1811, 27 mars 1822, 12 septembre 1829, 7 février 1834, adoptent expressément la fiction d'exterritorialité. Elles décident notamment que l'agent décédé en France sera réputé mort en pays étranger. V. Dalloz, *Répertoire*, V° *Agent diplomatique*, n° 144.

(2) *Précis du droit des gens moderne de l'Europe*, t. II, p. 140.

des conséquences à peu près universellement admises du principe de l'*exterritorialité*, dit M. Lehr (1), est l'exemption, tant pour les ministres que pour le personnel des missions, d'un certain nombre d'impôts, de droits ou de contributions publiques ». Les agents diplomatiques, répète encore le même auteur, doivent être exemptés des impôts directs et des taxes somptuaires parce que ces impôts « supposent, chez ceux qui y sont soumis, une sorte de *sujétion incompatible avec l'exterritorialité*» (2). Et dans son rapport à l'Institut de droit international (3) le même auteur emploie la même manière de parler : « Les impôts que *l'exterritorialité dispense le ministre de payer*, sont : ... etc. ». M. Lehr va même jusqu'à dire qu'en vertu de l'exterritorialité les marchandises destinées à l'agent diplomatique sont censées ne passer sur le territoire de l'État que pour en sortir, et que par conséquent les agents diplomatiques doivent être exemptés des droits de douane.

Tous les jurisconsultes cependant, et les auteurs eux-mêmes que nous venons de citer, reconnaissent que l'exterritorialité n'est pas un principe, et que ce n'est pas d'une fiction qu'on peut faire découler des conséquences pratiques. Pour des motifs qui nous restent à étudier, l'agent diplomatique jouit d'un certain nombre d'immunités, par lesquelles il se soustrait partiellement à la souveraineté territoriale de l'État auprès duquel il exerce ses fonctions : et ce fait qu'il échappe ainsi par endroits à la souveraineté territoriale a été qualifié d'exterritorialité. C'est une expression commode, courte, expressive et qui est depuis longtemps entrée dans le langage du droit international. Elle décrit d'une façon très sensible (4) la situation de l'agent diplomatique. Mais l'exterritorialité n'est pas un principe : elle décrit une situation qui est elle-même la conséquence de principes qu'il nous reste à dégager. L'exemption d'impôts ne découle pas de l'exterritorialité ; c'est au contraire parce qu'il existe l'exemption d'impôts et d'autres immunités analogues qu'on peut dire que dans une certaine mesure il y a exterritorialité.

L'idée d'exterritorialité se retrouve parfois dans certains raisonnements sans que le mot lui-même y soit. Ainsi, un jugement du tribunal de la Seine du 31 juillet 1878 (5) déclare qu' « il est hors de doute que les membres du corps diplomatique ou consulaire sont, pour ainsi dire, au-dessus de toute législation ».

C'est là, comme l'affirmation de l'exterritorialité, une pure pétition de

(1) *Manuel des agents diplomatiques et consulaires*, n° 1071. Comp. n° 1072.

(2) *Ibid.*, n° 1072.

(3) *Annuaire de l'Institut de droit international*, t. XI, p. 397.

(4) Comp. Lehr, *Rapport à l'Institut de droit international*, dans l'*Annuaire de l'Institut de droit international*, t. XI, p. 404.

(5) *Journal du droit international privé*, t. V (1878), p. 500.

principe. Il ne va pas du tout sans être démontré que les agents diplomatiques soient, en dehors de ce qui concerne le libre accomplissement de leur mission, dans une situation différente de celle des autres étrangers résidant à l'égard de l'autorité territoriale.

C'est encore la fiction de l'exterritorialité, la même pétition de principe que l'on trouve dans la théorie proposée par M. Pradier-Fodéré. Si, dit cet auteur, les étrangers sont soumis aux impôts, il ne saurait s'agir que des étrangers domiciliés, ou tout au moins ayant une résidence fixe, et constituant en quelque sorte des sujets *temporaires*. Les agents diplomatiques ne sauraient en aucun cas être considérés comme des sujets temporaires.

Cette théorie appelle une double observation : 1° Il n'est pas exact que seuls les étrangers domiciliés ou ayant une résidence fixe soient soumis à l'impôt. Dès qu'un étranger pose le pied sur le territoire, il devient contribuable. Il acquitte les taxes de douane ou d'octroi ; il participe même dans une certaine mesure à payer les impôts foncier et mobilier qui sont pour partie dans le prix qu'exigent de lui les commerçants auxquels il demande des services divers. Il est en un mot dans une situation de tous points analogue à celle d'un national qui ne paye pas encore soit la cote personnelle, parce qu'il n'est pas encore majeur, soit l'impôt mobilier parce qu'il n'a pas d'habitation à lui. Mais dès que ces conditions arrivent, national et étranger sont également frappés. Ce n'est qu'une vue tout à fait superficielle des choses qui a pu faire considérer comme seuls contribuables les étrangers ayant un domicile ou tout au moins une résidence fixe. 2° On ajoute : s'ils sont frappés par l'impôt, c'est à titre de sujets temporaires. Cette expression se rattache à l'idée précédente, et que nous avons démontrée fausse, que seule la résidence d'une certaine durée justifie l'assujettissement à l'impôt. Elle a, d'autre part, pour but de marquer que cet assujettissement provient d'une certaine infériorité, d'une certaine subordination à laquelle ne saurait être soumis l'agent diplomatique. Nous répondons que la soumission à l'impôt ne constitue à aucun degré une atteinte à la dignité de celui qui le paye, et qu'alors même que le contribuable ne pourrait être qu'un « sujet temporaire » il faudrait encore démontrer le bien-fondé de cette affirmation que « l'ambassadeur ne peut pas être considéré même comme un sujet temporaire », ou même qu'il ne peut pas être considéré comme un « habitant » (1). Car, si on laisse de côté la fiction de l'exterritorialité, l'agent diplomatique se présente seulement comme un étranger résidant qui a droit à toutes les prérogatives, immunités, privilèges qui lui sont né-

(1) Pradier-Fodéré, *Cours de droit diplomatique*, t. III, p. 56.

cessaires pour remplir en toute liberté sa mission, mais à rien de plus.

C'est donc ailleurs qu'il faut chercher le motif pour établir une distinc ion au point de vue des impôts entre les agents diplomatiques et les etrangers résidant. M. Lehr (1) a cru trouver ce motif dans ce fait que ce n'est pas par un acte libre de sa volonté que l'agent diplomatique réside sur le territoire, qu'il y est pour accomplir une mission officielle reconnue par le droit international. « Il est difficile, dit-il, d'admettre que l'État ou la commune traite en contribuables des fonctionnaires étrangers qui n'y séjournent avec leur famille qu'à raison de leur mission officielle ». « Il n'est pas juste, dit-il dans son rapport à l'Institut (2), que des fonctionnaires étrangers payent dans le pays où ils vont remplir leurs fonctions les impôts personnels ou sur leur fortune personnelle auxquels peuvent être soumis les nationaux ».

Mais qu'on fasse bien attention que ce raisonnement est précisément celui qui est à la base de la fiction d'exterritorialité, dont M. Leh luimême a fait ailleurs justice. Il est *difficile* de considérer le fonctionnaire étranger comme résident, comme justiciable, ou comme contribuable ; dès lors il sera *réputé* être hors du territoire. La fiction est sousentendue dans le raisonnement de M. Lehr ; mais les conséquences qu'il tire de sa règle fondamentale sont sensiblement les mêmes que celles qu'on tire ordinairement de la fiction d'exterritorialité. Il suffit, en effet, de rapprocher la liste d'exemptions que M. Lehr fait découler de ce raisonnement dans l'article que nous venons de citer, de celle qu'il fait découler expressément de la fiction d'exterritorialité dans son rapport à l'Institut de droit international (3).

Les agents diplomatiques devraient être notamment exemptés de tout impôt personnel ou mobilier, de toute taxe sur la fortune ou sur le revenu, de toute taxe somptuaire (impôt sur les loyers, chevaux et voitures). Mais par contre ils devraient la taxe pour la rémunération d'un service rendu (taxes postales diverses, de transport pour les personnes, les objets ou les messages, taxes de voirie, balayage, éclairage), et enfin, M. Lehr, envisageant la question qui a été la cause occasionnelle de cette étude, déclare estimer que la demande des ambassadeurs de Paris d'être exemptés de la taxe d'enlèvement des ordures ménagères n'était pas fondée en droit, et que la taxe, comme toutes autres analogues, était due.

(1) *Etude sur l'immunité d'impôts*, dans la *Revue de droit international et de lég. comparée*, 2e série, t. VII (1905), p. 401. V. *Quelques mots sur le droit international et les immunités des Souverains*, dans le *Journal du droit international privé*, t. XXVI (1899), p. 311-314.

(2) *Annuaire de l'Institut de droit international*, t. XI, p. 401.

(3) *Annuaire de l'Institut de droit international*, t. XI, p. 397.

M. Lehr ajoute que les agents diplomatiques qui ont en portefeuille des titres, actions ou obligations du pays, soumis comme tels à une taxe, ne sauraient se prévaloir de leur qualité pour s'y soustraire. Et pourquoi ? Parce que l'impôt frappe le titre, matière légitimement imposable dans le pays où il a été émis sous la protection de ses lois et de ses tribunaux : la nationalité du porteur ne peut entrer en ligne de compte. Mais cette explication nous semble dépasser considérablement l'hypothèse à laquelle son auteur a entendu l'appliquer. Tous les biens que possède le ministre dans le pays où il est accrédité sont, de même que les titres, « sous la protection des lois de ce pays et de ses tribunaux ». Et, s'ils constituent dans ce pays des matières légitimement imposables, pourquoi les agents diplomatiques seraient-ils admis à se prévaloir de leur qualité pour s'y soustraire ? Pourquoi, à la différence des titres au porteur, les voitures, les automobiles, les billards, la fortune mobilière appréciée d'après le prix de la location cesseraient-ils d'être des « matières légitimement imposables » lorsqu'ils sont détenus par un agent diplomatique ?

Le fait dont nous partons conserve donc bien son caractère : l'agent diplomatique est un étranger résidant, et doit être considéré comme tel.

Admettons ce fait, disent certains auteurs : mais il y a aussi un autre fait non moins incontestable et qui est celui-ci : les agents diplomatiques ne peuvent être *astreints* à payer les impôts. Donc ils ne les doivent pas.

Cette théorie semble jouir de quelque faveur en Angleterre. L'exemption d'impôts serait une conséquence de l'immunité de juridiction. « L'exemption des droits de douane dont jouissent en Angleterre les ambassadeurs et ministres étrangers, ainsi que l'exemption de l'income-tax dont profitent les hôtels d'ambassade à Londres, ont pour origine, semble-t-il, l'article 3 de la loi 7 Anne, ch. XII, d'après lequel « on doit considérer comme nulles et non avenues à tous égards les procédures qui pourraient être intentées et dont le résultat pourrait être soit l'arrestation ou l'emprisonnement d'un ambassadeur ou de tout autre ministre public d'un État étranger, accrédité auprès du gouvernement anglais, de ses héritiers, de ses successeurs ou de ses domestiques, soit la saisie des biens leur appartenant » (1). Sir J. Fergusson, sous-secrétaire d'État aux affaires étrangères, disait, à la Chambre des communes, le 9 avril 1891, dans sa réponse à M. Morton : « Aucune action ne peut être intentée contre un ambassadeur ou ministre étranger dans ce pays

(1) *Journal du droit international privé*, t. XXIV (1897), p. 1115.

en vue de recouvrer les impôts et les taxes ». Et il ajoutait comme conclusion à cette constatation de fait : « En vertu de la loi, ils sont exempts de l'income-tax, et, dans la pratique, on ne les frappe pas de l'impôt des maisons ou de licence ». Plusieurs auteurs rattachent aussi accidentellement l'exemption d'impôts à l'immunité de juridiction (1).

Certes, il est difficile de nier qu'au point de vue pratique il y ait un lien étroit entre l'exemption d'impôts et l'immunité de juridiction. Ce lien est même si étroit que, dans l'affaire qui fait l'objet occasionnel de cette étude, le Comité consultatif de la Ville de Paris, qui n'avait à fournir qu'un avis purement juridique, a cru devoir y faire allusion : « Considérant cependant qu'il n'est pas sans intérêt de remarquer que de sérieuses difficultés peuvent naître de la résistance apportée par les agents diplomatiques au payement de la taxe ; qu'en effet ceux qui habitent un hôtel particulier ne pourraient être contraints au payement que par le recours à des moyens discourtois ; que les agents diplomatiques ne sont en effet justiciables que des tribunaux de leur pays et ne peuvent être atteints par aucune mesure d'exécution ; considérant qu'il serait impossible et injuste, si les agents habitant les hôtels d'ambassade échappaient ainsi à la taxe, de traiter d'une manière différente les agents habitant des appartements loués et d'exiger de leurs propriétaires le payement d'impôts qu'ils n'ont pas à supporter eux-mêmes et dont ils ne pourraient pas obtenir le remboursement ». Mais il est bien évident cependant qu'au point de vue des principes le mode d'exécution forcée ou l'absence de tout procédé d'exécution forcée sont indifférents à l'existence du droit. L'exemption de la voie d'exécution n'entraine pas l'exemption de la dette. La procédure n'engendre pas le droit ; elle lui vient en aide, une fois qu'il existe. L'absence de procédure n'implique pas l'absence de droit. De ce que les agents diplomatiques ne peuvent être contraints à payer les impôts, il ne s'ensuit donc nullement qu'ils ne les doivent pas. Et que l'on note bien que seulement pour les besoins de la discussion nous avons considéré l'immunité de juridiction civile comme ayant elle-même un fondement juridique.

C'est le même vice de raisonnement qui a amené certains auteurs à présenter l'exemption d'impôts comme découlant de l'indépendance nécessaire de l'ambassadeur. Toute immunité, c'est-à-dire toute exception au droit commun en faveur des agents diplomatiques, n'apparaît, maintenant que nous avons fait justice de la fiction d'exterritorialité, comme fondée en droit, qu'à la condition d'être nécessaire pour assurer à celui qui représente à l'étranger son pays ou son Souverain l'indépendance la

(1) Odier, *Des privilèges et immunités des agents diplomatiques*, p. 29.

plus complète dans l'exercice de ses fonctions, et de lui permettre de s'acquitter de ses devoirs en pleine sûreté, sans retards et sans obstacles (1).

Or on ne voit pas au premier abord comment la dette de l'impôt pourrait porter atteinte à l'indépendance de l'agent diplomatique. Cependant Pinheiro-Ferreira (2) base l'exemption d'impôts sur la nécessité de mettre les papiers de la mission à l'abri des perquisitions du gouvernement local. Il suppose que ce dernier désire s'emparer de ces papiers : « Sous prétexte de la visite des effets ou des équipages à la douane, de même que lors d'une visite domiciliaire dans les cas généralement permis ou ordonnés par les lois, mille occasions pourraient se trouver d'accomplir, sans le moindre risque d'être convaincu, le coupable dessein d'enlever les papiers de la mission. Il en serait de même dans les cas où un impôt général sur le revenu serait basé sur les recherches des agents du fisc. Sous prétexte d'investigations fiscales, on ferait des recherches politiques ».

Mais n'apparaît-il pas tout de suite que ce n'est pas l'exemption d'impôts qu'exige au point de vue où se placent ces auteurs l'indépendance des agents diplomatiques, mais seulement l'exemption dans la manière dont l'État auprès duquel ils sont accrédités recouvre la créance de ces impôts ? Nous pourrions répéter ici ce que nous disions à propos de l'influence de l'immunité de juridiction sur la dette de l'impôt : il s'agit de procédés de constatation ou d'exécution de la dette qui ne peuvent avoir aucune influence sur le fond du droit.

Le droit public interne, comme le droit public international, connaît bien des cas où les obligations ne peuvent être exécutées que par un acte de volonté libre du débiteur. Il en est ainsi des obligations aux impôts des ambassadeurs. Cette liberté dans l'exécution n'empêche pas l'obligation d'exister même au point de vue juridique : car, par sa résistance injustifiée, le débiteur se mettrait hors du droit, ce qui irait directement à l'encontre de son intérêt.

L'ancienne Espagne, l'ancienne Autriche, certaines Républiques italiennes, telles que Gênes, avaient trouvé un moyen ingénieux de sauvegarder la dignité la plus susceptible des ambassadeurs, sans suppri-

(1) Lehr, *Rapport à l'Institut de droit international*, dans l'*Annuaire de l'Institut de droit international*, t. XI, p. 395, 400 et 404 ; Vattel, *Droit des gens moderne de l'Europe*, t. IV, ch. I, § 92 ; Bynkershœk, *De foro legatorum*, édit. Vicat, p. 131 et trad. Barbeyrac, § 2, p. 75 ; Esperson, *Droit diplomatique et juridiction internationale maritime*, nos 148, 150 à 153, p. 91 et suiv. — Comp. Esperson, dans le *Journal du droit internat. privé*, t. VI (1879), p. 347.

(2) *Note sur le droit des gens moderne de l'Europe*, de G.-F. de Martens, t. II, p. 108, § 215.

mer cependant leur obligation aux divers impôts : ils devaient racheter cette obligation par le versement direct à l'État d'une somme unique (1). Il faut reconnaître que ce procédé respectait, en même temps que le caractère des ministres publics, les principes les plus stricts de l'économie des finances publiques. Il les respectait même trop : et c'est ce qui l'a fait abandonner. Les États ont généralement préféré le geste plus large et plus courtois de renoncer aux impôts qui seraient dus par les ambassadeurs quand la perception pourrait en paraître contraire à leur dignité. Mais cette conduite *courtoise* ne peut être invoquée contre les principes.

Il faut remarquer qu'une confusion peut naître dans les esprits par le défaut de précision avec lequel est employé ce terme d' « indépendance » des agents diplomatiques. Certains auteurs, en effet, visent par le terme d'indépendance de l'agent diplomatique non plus la liberté qui lui est nécessaire dans l'exercice de sa mission, mais seulement le fait qu'il n'est pas le sujet de l'État auprès duquel il exerce ses fonctions (2).

Mais l'erreur de la plupart de ces auteurs est de croire que, du moment qu'il n'est pas sujet, ils n'est pas contribuable. Cette idée est en contradiction absolue avec le droit positif (3), et nous avons vu jusqu'à quel point elle s'accorde peu avec les principes.

La conséquence qui découle directement des vues de ces auteurs sur l'indépendance des agents diplomatiques prise dans ce dernier sens, c'est que les agents diplomatiques doivent être assimilés au point de vue des impôts aux étrangers résidant. Non, dit encore M. Lehr (4), et cela parce que la résidence des ambassadeurs a un caractère particulier : elle n'est pas l'effet de la volonté du résidant, comme pour les simples particuliers ; elle découle d'une nécessité internationale. On ne comprend pas qu'un État fasse des bénéfices sous forme de prélèvement d'impôts

(1) Pradier-Fodéré, *Cours de droit diplomatique*, t. II, p. 75.

(2) Quant aux impôts personnels, « leur exemption naît de leur indépendance » (Vergé sur G.-F. de Martens, *Droit des gens moderne de l'Europe*, § 227). — Vattel dit que l'indépendance de l'ambassadeur l'exempte de toute imposition personnelle, capitation ou autre redevance de cette nature ; il est exempt de tout impôt relatif à la qualité de sujet de l'Etat (*Droit des gens*, liv. IV, chap. VII, § 105).— Dalloz (*Répertoire*, V° *Agents diplomatiques*, n° 140) estime que les agents diplomatiques sont exempts des impôts à raison de leur qualité d'étrangers : « Les impôts personnels directs ne sauraient peser sur eux, *ils ne sont pas sujets de l'État, et leur indépendance* est à cet égard le titre de leur exemption ». — V. dans le même sens Pradier-Fodéré, *Cours de droit diplomatique*, t. II, p. 54 ; von Bar, *Theorie und Praxis des internationalen Privatrechts*, t. II, p. 592.

(3) L'article 12 de la loi du 11 avril 1832 dispose expressément : « La taxe personnelle est due par tout habitant français ou étranger jouissant de ses droits et non réputé indigent ».

(4) *Rapport à l'Institut de droit international*, dans l'*Annuaire de l'Institut de droit international*, t. XI, p. 576.

au préjudice d'étrangers qui ne séjournent sur son territoire qu'en vertu d'une mission de leur gouvernement ; par conséquent, l'État ne devra ni s'enrichir, ni s'appauvrir par le fait de le résidence de l'agent diplomatique. Celui-ci, de son côté, pourra prétendre au *damnum vitandum* sans avoir droit au *lucrum captandum*. Par exemple, il ne pourra prétendre à la jouissance gratuite des services positifs et onéreux pour l'administration qui les rend ; il devra incontestablement l'impôt foncier parce que l'État perçoit l'impôt sur tous les immeubles de son territoire et qu'il serait appauvri si un agent diplomatique exempté d'impôt foncier se rendait acquéreur de l'un de ces immeubles ; mais il ne doit pas l'impôt mobilier parce que, si l'ambassadeur ne résidait pas dans le pays, l'État ne percevrait rien, puisque c'est l'ambassadeur qui introduit dans le pays les éléments imposables, c'est-à-dire le fait d'une nouvelle habitation. Ce critérium est séduisant : que l'État ne doive pas s'enrichir du fait d'une mission officielle, cela semble aller de soi. Cependant, ce critérium manque de base juridique, et, pour ce motif même, il est tout à fait insuffisant dans la pratique.

Il manque de base juridique : la cause de la résidence est en effet indifférente. Une seule chose importe : le fait que certains éléments imposables sont sur le territoire et par conséquent sont soumis à la souveraineté territoriale.

De plus, ce critérium est tout à fait insuffisant dans la pratique. Si, en effet, on pose un principe juridique, il faut pouvoir le pousser jusqu'au bout : et, dans notre espèce, cela aboutit à établir une balance entre ce que coûte au Souverain territorial un agent diplomatique et ce qu'il paye en fait d'impôts. Il y a là encore un calcul qui ne peut être qu'arbitraire et qui, au lieu d'éclaircir une question déjà obscure, ne peut que l'embrouiller davantage. Dans quelle mesure, en effet, les dépenses générales d'un État sont-elles accrues par l'arrivée d'un nouvel agent diplomatique ? C'est dans une mesure absolument insignifiante, et surtout absolument inappréciable. Il faudrait en conséquence lui faire supporter le seul impôt foncier, et le dispenser de tous les autres : y compris les droits de douane et d'octroi. Car, ce qu'il fait entrer soit dans le pays, soit dans la ville où il réside, n'y serait pas entré sans le fait de la mission diplomatique et, par conséquent, l'État qui percevrait des droits sur les objets ainsi introduits s'enrichirait exactement dans la mesure de ces droits.

Pour la rémunération des services rendus (1), le principe serait d'une

(1) Comp. à ce sujet Carnazza Amari, *Traité de droit international public*, t. II, p. 241.

application pratiquement difficile. L'État perçoit à l'occasion de certains services une taxe qui représente sans doute la rémunération du service, mais qui est souvent supérieure au coût de revient de ce service: ainsi l'exploitation des monopoles, le service des postes peuvent être pour l'État une source de bénéfices qui sont appliqués aux besoins du budget général ; les taxes d'enregistrement sont tout à fait hors de proportion avec le service rendu, qui est de donner date certaine aux actes. Faudra-t-il encore déterminer exactement la dépense occasionnée par l'ambassadeur et le dispenser de ce qui, dans ces taxes, représente le bénéfice de l'État ? Pour la taxe qui a fait l'objet de cette étude, il est à peu près certain que le fait qu'un ambassadeur vient habiter une ville n'augmente pas les frais de l'enlèvement des ordures. D'ailleurs, on n'a pas prétendu, lorsqu'on a établi cette taxe, établir une proportion exacte entre les frais occasionnés réellement par chaque propriétaire et la taxe qu'on réclamait de lui. Il faudrait donc en dispenser complètement les agents diplomatiques. Ils arriveraient ainsi à jouir gratuitement des services que payent les nationaux ou les simples étrangers résidant.

En outre de ses inconvénients et de son insuffisance pour résoudre la plupart des problèmes que soulèverait la pratique, la théorie proposée par M. Lehr a l'inconvénient de partir de principes d'ordre économique ou d'équité. Et c'est pourquoi, d'ailleurs, elle ne permet qu'imparfaitement de résoudre le plus grand nombre de problèmes pratiques : ce n'est pas à proprement parler une théorie juridique.

Ce qu'il importe de dégager, c'est le droit pour l'État de réclamer des impôts, l'obligation pour les agents diplomatiques de les payer. Le droit de réclamer des impôts est une prérogative de la souveraineté. La souveraineté est personnelle, ou elle est territoriale. La souveraineté personnelle est celle qui s'exerce sur les sujets ; la souveraineté territoriale est celle qui s'exerce sur les biens situés ou les actes accomplis dans les limites du territoire. Par sa souveraineté personnelle, l'État peut astreindre son sujet à certaines obligations même en dehors du territoire, et lui faire payer des impôts, même pour des biens situés en dehors des mêmes limites. Au contraire, la souveraineté territoriale, qui s'exerce sur les résidents, doit ignorer tout ce qui est en dehors des limites. Aucun impôt ne sera exigé des simples résidents pour les biens situés en dehors du territoire ; mais tous les éléments imposables se rattachant à un simple résident dans les limites du territoire devront acquitter les impôts.

Par conséquent, tous les éléments imposables (et nous entendons par là : biens, actes, jouissance de certains services) se rattachant aux agents diplomatiques sur le territoire devront acquitter les impôts comme s'ils appartenaient à des nationaux ou à de simples étrangers résidant. On n'aperçoit pas de motifs juridiques pour établir en leur faveur une différence.

Il est intéressant de remarquer que cette théorie a été admise partiellement par certains auteurs. M. Lehr (1), notamment, admet que le ministre public doit payer tous les impôts « ayant une nature réelle. Il doit payer notamment l'impôt sur les coupons, car les coupons sont grevés comme tels ; tout propriétaire du titre, quel qu'il soit, quelles que soient sa résidence et sa nationalité, est tenu de supporter cette diminution de revenu ».

Le même raisonnement peut être tenu pour toute espèce d'impôts. Tout élément imposable supporte l'impôt réel, abstraction faite de la personnalité du contribuable ; il en est différemment des impôts qui atteignent l'ensemble de la fortune.

Par contre, l'Institut de droit international a adopté partiellement notre principe en dispensant les agents diplomatiques des impôts généraux sur le capital ou sur le revenu (2).

Que l'on remarque bien que c'est notre théorie qu'admettent implicitement les auteurs qui n'expliquent l'immunité d'impôts que par la pure courtoisie, l'hospitalité ou les convenances internationales (3).

Mais elle est rarement affirmée avec une absolue netteté et une complète franchise. Nous avons déjà montré les contradictions de Pradier-Fodéré qui rattache l'immunité d'impôts à la courtoisie tout en ajoutant qu'au fond elle ne s'y rattache pas (4). Bluntschli (5), de son côté, laisse soupçonner qu'il pourrait y avoir une théorie juridique de l'immunité d'impôts : mais il la laisse dans le vague : « La franchise d'impôts est accordée par courtoisie dans une mesure plus large que *le droit strict* ne l'exigerait ». Il omet de dire quel est ce droit strict.

Est-il d'ailleurs exact que la courtoisie internationale — qui impose

(1) *Annuaire de l'Institut de droit international*, t. XIV, p. 225.

(2) Article 11 du projet de Règlement, *Annuaire de l'Institut de droit international*, t. XIV, p. 243.

(3) Calvo, *Le droit international théorique et pratique*, 4e édit., t. III, n° 1528 ; Bonfils-Fauchille, *Manuel de droit international public*, 4e édit., nos 724 et suiv. ; Merlin, *Répertoire*, V° *Ministère public*, sect. V, § 5, n° II, t. XX, p. 305.

Il faut rapprocher de cette théorie l'ancienne théorie qui explique les immunités par cette idée que l'ambassadeur représente la personne même du Souverain, non pas dans son autorité qui est purement territoriale, mais dans sa dignité qui a droit au respect international. Comp. Vattel, *Le droit des gens*, édit. Pradier-Fodéré, 1863, liv. IV, chap. VII, § 81, t. III, p. 249 et suiv. ; Lehr, *Quelques mots sur le droit fiscal international et les immunités des Souverains*, dans le *Journal du droit intern. privé*, t. XXVI (1899), p. 311-314.

(4) *Cours de droit diplomatique*, t. II, p. 74.

(5) *Le droit international codifié*, art. 138.

des règles dont la force obligatoire tient le milieu entre les règles du droit strict et la liberté complète (1) — oblige à exempter des impôts les ambassadeurs ? Il faut remarquer que cette courtoisie est peu coûteuse puisqu'elle est basée sur la réciprocité ; que si elle était universellement supprimée aucun État ne serait admis à se plaindre.

D'antiques préjugés ou des conceptions surannées peuvent seuls faire redouter que l'assujettissement aux impôts ne porte atteinte au caractère des agents diplomatiques. Il y a sans doute inconsciemment dans la pensée des défenseurs de l'exemption d'impôts un reflet de la conception orientale qui regarde l'impôt comme une marque d'assujettissement ou bien un reste de la règle des régimes d'inégalité qui faisaient peser sur les classes inférieures de la société le poids presque entier des dépenses publiques. Dans une société fondée sur le privilège il est logique que l'ambassadeur soit assimilé aux classes supérieures ; mais, aujourd'hui que l'impôt est seulement considéré comme une contribution de chacun aux dépenses communes, si bien que dans la plupart des pays les Souverains ou chefs d'État eux-mêmes les acquittent pour leur patrimoine particulier, la susceptibilité la plus délicate d'un agent diplomatique ne saurait souffrir de l'obligation de payer les impôts.

Il était peut-être vrai autrefois, à l'époque des privilèges, que les « *convenances internationales* » (2) ne permettaient pas de traiter un gouvernement étranger ou un ministre de ce gouvernement comme un contribuable ordinaire. Mais le contribuable moderne n'est pas un taillable, un tributaire, un paria de la société. Sa situation n'est nullement humiliée : et dès lors on se demande en quoi les convenances internationales peuvent être intéressées par cette application de la souveraineté territoriale.

Historiquement, l'exemption d'impôts s'explique. Elle est un reste de cette large hospitalité qui était autrefois pratiquée entre Souverains, et qui allait jusqu'à ce point que celui qui recevait un ministre le défrayait de tous ses frais. Cet usage a disparu avec l'introduction des missions permanentes, mais en se retirant il a laissé cette trace : l'exemption d'impôts qui trouve ainsi son explication historique, mais dont la justification juridique n'est pas fournie.

Il faut remarquer que les considérations que nous avons exposées s'appliquent avec une égale force aux agents consulaires et aux agents diplomatiques. Notre théorie supprime donc cette question de l'assimi-

(1) Holtzendorff, *Handbuch des Völkerrechts*, § 19.

(2) Calvo, *Le droit international théorique et pratique*, 4e édit., t. III, no 1393; E. Lehr, *Quelques mots sur le droit fiscal international et les immunités des Souverains*, dans le *Journal du droit international privé*, t. XXVI (1899), p. 311-314.

lation des premiers de ces agents aux seconds, que bien des auteurs essayent de résoudre en affirmant gratuitement, et sans tenter d'ailleurs de démonstration impossible, que l'exterritorialité est plus considérable pour les agents diplomatiques que pour les consuls (1).

VII. — Donc, voici nos conclusions :

1° Il n'y a pas lieu, en droit, de reconnaître aux agents diplomatiques l'exemption d'impôts. Le rôle des jurisconsultes doit être de déterminer la situation des étrangers résidant ; cette situation doit être celle des agents diplomatiques, avec cette réserve qu'il faut leur accorder l'exemption des moyens d'investigation ou de perception qui porteraient atteinte à leur dignité ou au libre exercice de leurs fonctions.

2° La courtoisie internationale n'exige pas que les agents diplomatiques soient exemptés des impôts.

3° Il serait bon, pour éviter des conflits regrettables, comme celui qui fait l'objet de cette étude, que les exemptions d'impôts fussent supprimées.

(1) *Annuaire de l'Institut de droit international*, t. XV, p. 296.

Imp. J. Thevenot, Saint-Dizier (Haute-Marne).

A. PEDONE, Editeur, 13, rue Soufflot, PARIS

REVUE GÉNÉRALE
DE
Droit International Public

DROIT DES GENS — HISTOIRE DIPLOMATIQUE
DROIT PÉNAL — DROIT FISCAL — DROIT ADMINISTRATIF

(FONDÉE PAR MM. A. PILLET ET P. FAUCHILLE)

PUBLIÉE PAR
Paul FAUCHILLE
AVOCAT, DOCTEUR EN DROIT
ASSOCIÉ DE L'INSTITUT DE DROIT INTERNATIONAL

(Récompensee par l'Institut de France, 1904. Fondation Drouyn de Lhuys.)
Académie des Sciences morales et politiques

La **Revue générale de Droit international public** parait tous les deux mois, depuis le 1er février 1894. — Elle contient : 1° des études approfondies sur les matières diverses du droit international public ; 2° des chroniques très étendues sur les faits internationaux les plus récents ; 3° des documents internationaux et diplomatiques.

La **Revue générale de Droit international public**, fondée en 1894, a obtenu un légitime succès auprès du public et du monde savant. Elle répondait donc à un véritable besoin. — Elle a pour but, au point de vue théorique, de poser des principes qui puissent servir de base à un droit international juste et équitable. Au point de vue pratique, elle se propose de signaler, en les appréciant et en les signalant, les faits qu'engendre l'activité incessante des différents peuples.

La **Revue**, exclusivement internationale, est dégagée de toute tendance préconçue. Ses collaborateurs appartiennent aux pays les plus divers. Les internationalistes de la France et de l'Etranger lui ont donné, sans compter, leur précieux concours.

L'Institut de France (ACADÉMIE DES SCIENCES MORALES ET POLITIQUES) a voulu récompenser les efforts de cette **Revue**, en lui décernant, en 1904, le prix de la Fondation Drouyn de Lhuys.

ABONNEMENT : **20** FRANCS PAR AN. — ÉTRANGER, **21 FR. 50**
La livraison séparée : **4** francs.
La collection des **11 années publiées** : net **200** fr. (*franco de port*).

Imp. J. Thevenot, Saint-Dizier (Haute-Marne).

www.ingramcontent.com/pod-product-compliance
Ingram Content Group UK Ltd.
Pitfield, Milton Keynes, MK11 3LW, UK
UKHW022151170726
13837UKWH00004B/1921

9 782019 989545